AF465736

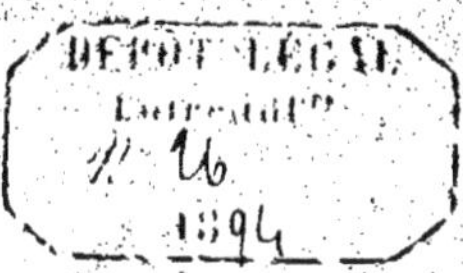

SOCIÉTÉ FRANÇAISE DE SECOURS AUX BLESSÉS MILITAIRES

DES ARMÉES DE TERRE ET DE MER

(CROIX ROUGE FRANÇAISE)

COMITÉ DE NANTES

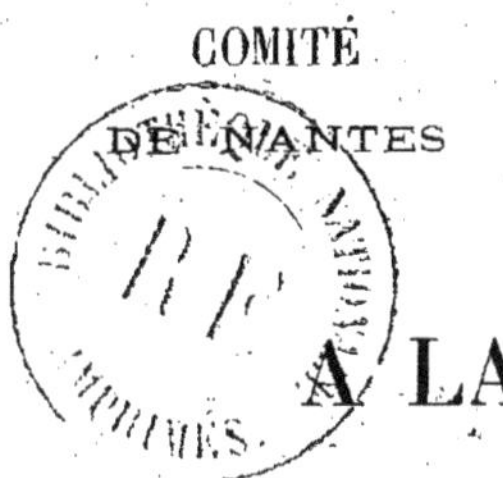

XIe RÉGION

A LA MÉMOIRE DU MARÉCHAL DE MAC-MAHON ET DU GÉNÉRAL MELLINET

DISCOURS

PRONONCÉ A LA CATHÉDRALE DE NANTES

LE 17 MARS 1894

PAR Mr LE CHANOINE GOURAUD

Supérieur de l'Externat des Enfants-Nantais,

A L'OCCASION DU SERVICE FUNÈBRE

CÉLÉBRÉ PAR LES SOINS DU COMITÉ DE NANTES

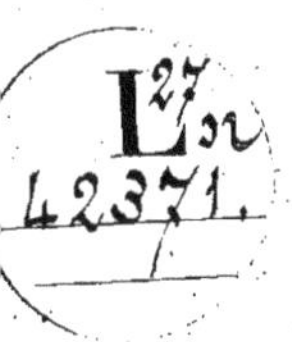

A LA MÉMOIRE

DU MARÉCHAL DE MAC-MAHON

ET

DU GÉNÉRAL MELLINET

DÉCRET DU 3 JUILLET 1884.

D'après l'article 2 de ce décret, l'intervention de la Société consiste, en temps de guerre :

« 1° *A créer dans les places de guerre et les localités qui lui sont désignées par le Ministre de la Guerre ou les Généraux commandant le territoire, suivant le cas, des hôpitaux destinés à recevoir des blessés et des malades appartenant aux armées ;*

» 2° *A prêter son concours au service de l'arrière, en ce qui concerne :*

» *Les trains d'évacuation ;*

» *Les infirmeries de gare ;*

» *Les hôpitaux auxiliaires du théâtre de la guerre.* »

Ce programme d'action a pour conséquence de faire peser sur la Société, dès le temps de paix, des obligations très étendues en ce qui concerne l'accroissement de ses réserves de matériel d'ambulance et la formation d'un personnel hospitalier.

La Société fait appel à la sollicitude éclairée des pères de famille, au cœur de toutes les mères; elle leur demande de la seconder dans le développement d'une œuvre patriotique, absolument étrangère à toute préoccupation de propagande politique ou religieuse, dévouée exclusivement aux intérêts du pays et de l'armée.

CONDITIONS A REMPLIR POUR ÊTRE MEMBRE DE LA SOCIÉTÉ.

On peut faire partie de la Société comme Membre fondateur ou comme Membre souscripteur.

Les Fondateurs versent une cotisation annuelle de **30** francs, les Souscripteurs une cotisation annuelle de **10** francs.

On peut être admis comme Fondateur sur la présentation de deux Membres du Comité.

On peut être admis comme Souscripteur sur simple demande adressée à Monsieur le Président d'un des Comités ou groupes de l'arrondissement.

Les Dames peuvent faire partie de la Société comme Membres fondateurs ou comme Membres souscripteurs.

SOCIÉTÉ FRANÇAISE DE SECOURS AUX BLESSÉS MILITAIRES

DES ARMÉES DE TERRE ET DE MER

(CROIX ROUGE FRANÇAISE)

COMITÉ DE NANTES

XIe RÉGION

A LA MÉMOIRE DU MARÉCHAL DE MAC-MAHON ET DU GÉNÉRAL MELLINET

DISCOURS

PRONONCÉ A LA CATHÉDRALE DE NANTES

LE 17 MARS 1894

PAR Mr LE CHANOINE GOURAUD

Supérieur de l'Externat des Enfants-Nantais,

A L'OCCASION DU SERVICE FUNÈBRE

CÉLÉBRÉ PAR LES SOINS DU COMITÉ DE NANTES

XIe RÉGION MILITAIRE

NANTES

COMPRENANT LES DÉPARTEMENTS DE LA LOIRE-INFÉRIEURE, DU FINISTÈRE, DU MORBIHAN ET DE LA VENDÉE.

Délégué : M. Ludovic Cormerais, conseiller général à Nantes.

LOIRE-INFÉRIEURE

COMITÉ DÉPARTEMENTAL A NANTES

Présidents honoraires...	M. le Général commandant le XIe Corps. M. le Préfet de la Loire-Inférieure. M. le Maire de Nantes. Sa Grandeur Mgr l'Evêque de Nantes. M. le Commissaire général de la Marine.
Président.............	M. Charles Le Cour, ancien député, conseiller général.
Vice-Présidents........	M. le contre-amiral Béric (c. ✻) M. François Leglas-Maurice (✻). M. Léonce Arnous-Rivière (o. ✻), ancien officier supérieur. M. le Mis de Ternay, conseiller général. M. Julien Poydras de la Lande.
Secrétaire.............	M. Benjamin Martineau.
Secrétaire adjoint......	M. Clément Poulain, conseiller général.
Trésorier.............	M. Félix Vidie.
Médecin en chef........	M. Viaud Grand-Marais. (o. a.)

> Fortissimi duces ducum.
>
> Ils furent les chefs les plus braves parmi les braves.
>
> I. PARALIP. VII, 40.

MONSEIGNEUR,

MESSIEURS,

Aucun peuple n'a plus que le peuple français le culte de ses gloires nationales. Aucun pays n'a plus que la Bretagne le respect et l'amour de ce qui est grand et noble. Qu'il faille les attribuer à notre foi religieuse, à un caractère de notre race, ou à notre éducation première, si heureusement fécondée par les grands souvenirs et les grands noms de notre histoire, ce culte et ce respect honorent autant ceux qui les accordent que ceux qui en sont l'objet. Aussi je ne m'étonne pas du spectacle que j'ai sous les yeux.

Après les hommages grandioses rendus, par la capitale de la France et par un grand nombre d'autres villes, à la mémoire de l'illustre maréchal de Mac-Mahon, la ville de Nantes se devait à elle-même de prendre part au deuil universel de la Patrie. La terre qui enfanta La Moricière ne pouvait pas ne pas pleurer sur son glorieux compagnon d'armes.

Vous l'avez compris, Messieurs les Membres de la Société de la Croix Rouge ; vous avez fait appel à la piété et au patriotisme de vos concitoyens. Vous le voyez, votre appel a été entendu, et la cité nantaise, dans tout ce qu'elle a de plus illustre, s'unit à vous en ce moment pour donner un solennel témoignage de son admiration et de sa reconnaissance, à celui qui, après avoir été le Bayard de notre temps, fut le zélé Président de votre belle Société.

Dans votre générosité, vous avez voulu associer au souvenir de Mac-Mahon la mémoire de tous les défenseurs de la patrie morts à l'ennemi, car, hélas ! leur liste, quoique longue, s'allonge toujours ; le sang de la France coule encore tous les jours sur la terre étrangère ! Vous avez voulu, dans une commune prière, unir le chef et les soldats.

C'est une sainte et salutaire inspiration. En cela, Messieurs, vous êtes demeurés fidèles à votre mission qui est de panser les plaies des blessés. Ceux pour qui vous priez sont des blessés, ce sont les blessés de la justice divine. A cette heure, ils souffrent et ils crient vers vous, leurs protecteurs naturels.

Au moment où vous songiez à préparer cette splendide manifestation de votre foi et de votre patriotisme, la mort est venue faire un nouveau vide au milieu de nous. Elle a frappé le doyen des généraux de l'armée française, de cette armée qui est si bien l'âme de la France, qu'elle ne peut recevoir une blessure sans que toute la nation souffre avec elle.

Celui-là nous touchait de plus près, il était notre concitoyen et avec lui a disparu l'une des plus grandes gloires de notre ville. C'était le brave Mellinet, le brave entre les braves, comme l'appela un jour notre immortel pontife Léon XIII.

Je ne m'étonne pas, Messieurs, que, dans votre deuil et dans vos prières, vous n'ayez pas voulu séparer ces deux nobles enfants de la France. Ils sont dignes l'un de l'autre. La mort ne semble les avoir frappés en même temps que pour mieux rappeler combien ils furent unis dans leur vie : unis dans la bravoure et dans toutes les vertus guerrières, unis dans les triomphes qu'ils remportèrent ensemble, unis enfin dans les liens d'une étroite amitié. De tous deux on peut dire ce mot de la Sainte Ecriture : *Fortissimi duces ducum,* ils furent les plus braves parmi les braves.

Si je ne craignais pas, Messieurs, d'être au-dessous de ma tâche, je serais tenté de vous remercier de m'avoir demandé de faire leur éloge. On se passionne facilement pour d'aussi belles figures. Et, quand on est destiné, par vocation, à former les jeunes gens qui seront bientôt les défenseurs de la patrie, on est heureux de voir de près ces héros. Puissé-je, Messieurs, vous communiquer quelque chose de mon admiration.

Je le sais, tout homme qui parle à des Français des gloires de la France est assuré de trouver le chemin de leur cœur, à plus forte raison, quand les Français sont ceux qui remplissent cette enceinte. Car, Messieurs, au-dessus de vos têtes, je lis trois mots qui, en vous désignant, me rappellent toute la vie de nos deux illustres guerriers : bravoure, honneur et religion. Ces trois choses, je les trouve magnifiquement représentées ici ; comment n'aimeriez-vous pas à les contempler dans ceux que vous pleurez ? Elles y brillent d'un splendide éclat. La bravoure a fait leur gloire, l'honneur les a inspirés, la religion les a soutenus et couronnés.

Ces trois pensées résument l'éloge que je consacre au général Emile Mellinet, ancien Vice-Président de la Croix Rouge, Grand'Croix de la Légion-d'Honneur, et à Marie-Edme-Patrice-Maurice, Comte de Mac-Mahon, Maréchal de France, Duc de Magenta, Président de la même Société de secours aux blessés.

I

Mac-Mahon et Mellinet furent braves entre les braves. C'est pour cela que la France les couvre de gloire ; elle reconnaît en eux le sang de ses fils, elle proclame avec amour les hauts faits qu'ils ont accomplis pour sa défense, et elle les montre à l'étranger ravi, avec un légitime orgueil.

Certes, il faisait bien présager de sa bravoure cet enfant de 15 ans, qui vient à peine de quitter les bancs du collège et que nous voyons parader sur les places publiques de notre ville avec le grade de lieutenant des gardes nationales actives de la Loire-Inférieure. A cette époque, le génie des batailles soufflait même sur les berceaux. La France avait épuisé le plus pur de son sang dans les longues guerres de l'Empire. La victoire avait déserté ses drapeaux et semblait n'y plus vouloir revenir. L'Europe entière s'était liguée contre elle et venait de l'envahir par quatre côtés à la fois. Malgré des efforts inouïs qui firent succéder les victoires aux défaites, Napoléon ne put empêcher les alliés de marcher sur Paris. En face du danger qui menaçait la patrie, le jeune Mellinet s'émut ; il accourut se placer sous les ordres du général Brouard, qui lui donna le grade de sous-lieutenant. Trente-cinq jours après, l'héroïque enfant recevait sa première

*

blessure sous les murs de Paris. Il n'avait pas seize ans. Ce premier sang versé au service de la patrie fut comme une onction sainte qui l'arma Chevalier pour le reste de ses jours.

Désormais il va marcher à pas de géant dans la voie de l'héroïsme. A côté de son père et de son illustre compatriote Cambronne, il assiste au désastre de Waterloo, et son âme frémit de ne pouvoir empêcher la défaite de la France. Moins d'un mois après, il est sous les murs de Metz, et il y est blessé d'un coup de lance.

Quelques années plus tard, nous le retrouvons en Espagne. Son intrépidité est la même ; dès le début de la campagne, il reçoit un coup de feu au siège de Saint-Sébastien.

Au milieu de tout ce bruit de bataille avait grandi un autre défenseur de la patrie, Maurice de Mac-Mahon ; plus jeune que Mellinet, il devait devenir son frère d'armes, son ami et son émule dans le courage et dans la gloire.

Sorti de l'Ecole de Saint-Cyr, Mac-Mahon terminait son stage à l'Ecole d'état-major, quand l'expédition d'Alger fut décidée. Son âme ardente ne put supporter l'idée de rester dans une vie de garnison, au moment où ses compagnons d'armes allaient se battre. Il rêve déjà de dangers à courir, il lui faut l'odeur de la poudre et le bruit du canon, il part pour l'Algérie.

L'Algérie devait être pendant quarante ans le théâtre presque continuel de ses exploits. Il ne s'en éloignera guère que pour aller ailleurs remporter quelques rapides victoires. C'est sur cette terre d'Algérie que Mellinet se rencontrera avec Mac-Mahon : l'un commandera le 5e bataillon de chasseurs, l'autre le 10e. Pendant huit ans ils lutteront ensemble pour assurer la conquête de cette terre à jamais illustrée, en dehors de nos deux héros, par les d'Aumale, les Bugeaud, les Changarnier, les Bedeau, les La Moricière et tant d'autres ; terre magnifique, que la Providence semblait avoir réservée pour en faire le plus riche joyau de notre couronne coloniale ; terre privilégiée, assise entre la mer, le désert et les montagnes ; pays riche et fertile avec la végétation luxuriante de ses oliviers séculaires, de ses palmiers, de ses aloès et de ses orangers ; contrée des plus beaux souvenirs, jadis conquise par Rome et civilisée par le Christianisme, mais devenue depuis, sous le joug de l'Islam, la forteresse de la piraterie et de la barbarie.

Quelle scène pour cette sublime épopée dont nous n'avons peut-être pas encore vu le dernier tableau ! quel gigantesque champ de bataille ! et pour quelles luttes, grand Dieu ! Pour des luttes nouvelles, où il faut fournir des étapes prodigieuses, sous un soleil de feu ou contre le vent du désert, dans le sable brûlant ou dans la boue, avoir devant soi tout l'inconnu d'un pays inexploré, franchir ravins et rivières, endurer la soif et la faim, se battre sans cesse contre un ennemi insaisissable, d'une bravoure invincible, qui harcèle continuellement nos colonnes, tantôt tombant sur elles à l'improviste, tantôt les fuyant avec la rapidité du vent ; contre un ennemi qui défend avec un fanatique désespoir ses déserts, les défilés de ses montagnes et les remparts de ses places fortes.

Je n'essaierai point de suivre nos deux Commandants sur ce champ de bataille. Staouéli, Alger, Blidah, Médéah, Constantine, Tlemcen, Biskra et Sétif rappellent les prouesses de Mac-Mahon, toujours intrépide, le premier à l'assaut pour planter le drapeau français, comme au col de Mouzaïa; marchant à la tête des plus vaillants, à l'avant-garde à l'aller, à l'arrière-garde au retour, toujours à la place qui offre le plus de dangers.

Mascara, Oran, Blidah, Mostaganem, Sidi-bel-Abbès furent les témoins des exploits de Mellinet. Six fois il est cité à l'ordre du jour de l'armée dans ces mémorables campagnes de 1840 à 1849. Il est toujours plein d'entrain et de gaîté, et toujours héroïque, soit qu'il ravitaille Mascara, soit qu'il poursuive les Kabyles, soit qu'il soutienne et fasse triompher la garnison de Mostaganem contre Bou-Maza. D'une hardiesse extraordinaire, il pousse une reconnaissance sur Moghar-el-Foukani, au milieu des tribus ennemies. Huit jours après, il enlevait à la baïonnette les contreforts d'Aïn-Sefra. Pour ajouter à sa gloire, il se montre aussi habile administrateur que soldat vaillant en fondant, au milieu du désert, la ville de Sidi-bel-Abbès.

Vous me pardonnerez, Messieurs, d'être si incomplet sur les deux nobles Africains. Ils ont tant cueilli de lauriers sur cette terre de l'Algérie, qu'il leur était plus facile, semble-t-il, de les cueillir qu'à nous de les compter.

Ils vont se retrouver bientôt sur un autre champ de bataille.

La guerre de Crimée est commencée. Mellinet, ayant reçu le commandement d'une brigade de grenadiers, s'embarque en février 1855. Nos soldats faisaient déjà le siège de Sébastopol depuis plusieurs mois ; les opérations traînaient en longueur. Le 18 juin, on tente l'attaque de la célèbre redoute de Malakoff ; mais bientôt nos divisions, écrasées, cèdent sur tous les points. Mellinet reçoit l'ordre de conduire, au secours de nos régiments décimés, quatre bataillons de la garde. Il s'élance, avec ses troupes d'élite, pour recommencer l'attaque qui vient d'échouer ; mais il lui faut lutter contre un ennemi supérieur en nombre ; cinq fois il revient à la charge, s'exposant sans souci du danger, comme le dernier de ses soldats. Courage inutile, inutiles efforts ! La victoire nous échappe. De tous côtés, une pluie de fer fait reculer nos soldats et jonche la terre de leurs cadavres. Cette fois, Mellinet fut épargné ; il devait voir le jour du triomphe.

Deux mois après, Mac-Mahon débarquait en Crimée, venant de Constantine.

« Mon Général, lui avait dit un de ses officiers en le quittant à Bône, vous êtes dans le cas d'arriver juste à temps pour prendre Sébastopol. » — « J'en accepte l'augure, » répondit simplement le futur vainqueur.

A peine est-il arrivé que l'on décide l'assaut de la fameuse forteresse. Il est temps d'en finir, d'ailleurs.

L'attaque est fixée au 8 septembre. Disons en passant que le choix de ce jour, fait à dessein par l'âme chrétienne de Pélissier, n'était pas pour déplaire à Mac-Mahon. Il est convenu qu'à midi précis Mac-Mahon et ses troupes monteront à l'assaut. Lorsque le drapeau français flottera sur le saillant de Malakoff, l'attaque générale commencera.

Mellinet devra combattre à la courtine du petit Redan.

A neuf heures et demie, Mac-Mahon rencontre le Commandant des troupes anglaises qui lui dit : « C'est donc vous, Général, qui êtes chargé de donner l'assaut de Malakoff. » — « Parfaitement, répond Mac-Mahon. A midi je serai monté à l'assaut ; peu après je serai au sommet de la tour. Vous y verrez flotter mon fanion, ce sera pour vous le signal du combat. » — « Alors, c'est bien sûr, vous croyez pouvoir triompher aussi facilement et aussi vite ? » — « Croyez ce que je vous dis, à midi et quelques minutes je serai maître de Malakoff. »

A onze heures et demie, Mac-Mahon et ses officiers forment un petit groupe en face de la redoute ; autour d'eux sont entassés les zouaves qui doivent donner l'assaut ; ils attendent en frémissant d'impatience l'ordre de l'attaque.

L'heure approche ; toutes les montres ont été réglées sur celle de Pélissier. La première ligne des zouaves a la main sur le parapet du bastion, prête à le franchir au premier signal. Tous ont le regard fixé sur Mac-Mahon. Quinze cents bouches à feu tonnent en ce moment. « Midi, » s'écrie le colonel Lebrun. Mac-Mahon tire son épée et commande :

« Clairons des zouaves, la charge. » Les clairons sonnent, les tambours battent, les zouaves s'élancent. Mac-Mahon veut s'élancer avec eux, il faut le retenir. Sous une fusillade enragée, les zouaves arrivent au bord du fossé qui les sépare de la terrible tour. Hélas! les échelles préparées pour le franchir font défaut. Emportés par leur ardeur, les vaillants soldats se laissent rouler au fond du précipice. Un instant d'angoisse se passe, puis on les voit reparaître sur l'autre talus, montant, grimpant, s'aidant de leurs pics, se faisant la courte échelle et se hissant enfin jusque sur le faîte du parapet. Dès que Mac-Mahon les a aperçus de l'autre côté du fossé, il s'est élancé à leur suite avec ses officiers.

L'ennemi les reçoit à coups de fusils; ceux qui tombent sont remplacés par ceux qui arrivent. C'est une épouvantable mêlée. Bientôt mille voix s'écrient : « A nous Sébastopol. » Les Russes reculent, le saillant de Malakoff est conquis ; Mac-Mahon y plante son fanion. Il est midi un quart.

C'est le signal de l'attaque générale. De tous côtés l'on se bat. A la courtine du petit Redan, Mellinet contemple avec admiration l'intrépidité et le sang-froid des officiers russes. « Admirez Messieurs les officiers russes, dit-il aux siens, voyez comme ils donnent à leurs soldats l'exemple de la bravoure. Imitez-les. Ah! les braves gens, comme ils se battent! » Quelques minutes après, il tombait, la mâchoire fracassée par un éclat d'obus.

Cependant Mac-Mahon se maintient dans Malakoff, malgré l'ardeur de la lutte. Rien ne l'émeut, rien ne l'abat. Il reste debout au milieu de la tuerie, comme s'il ne pouvait mourir. « On n'est pas plus beau sous le feu » s'écrie Pélissier en le contemplant. « Croyez-vous pouvoir tenir ? » lui fait demander le Commandant des troupes anglaises. « Dites à votre Général, répond l'héroïque vainqueur, que j'y suis et que j'y reste. »

Tout autour de lui cependant des mines font explosion ; il se peut que la redoute elle-même soit minée et que les Russes la fassent sauter. « Amenez ici votre brigade, dit-il au général Vinoy, si nous sautons, une autre la remplacera. » Bientôt une explosion plus terrible que les autres se produit, un nuage de fumée enveloppe les hardis assaillants. Mac-Mahon a disparu aux yeux de tous. Grand Dieu ! va-t-il être enseveli dans son triomphe ? Non, la fumée se dissipe, Mac-Mahon est encore là, debout, entouré de ses soldats, auprès du drapeau français qui flotte toujours.

Faut-il après cela, Messieurs, vous raconter d'autres victoires ? Oui, puisque nos deux héros ne se lassent pas de les gagner.

Magenta ! Magenta ! Quels souvenirs, quelles luttes et quel triomphe !

Il ne m'appartient pas, Messieurs, de vous dire si, comme on l'a prétendu, cette victoire de Magenta fut précédée de fautes inexplicables. Je ne veux y voir que la gloire des combattants.

Vers midi, Napoléon III arrive au pont de San-Martino, engage cinq bataillons de sa garde et les lance contre l'armée autrichienne dix fois supérieure en nombre. Mellinet soutient le choc de l'ennemi. Pendant une demi journée, il se bat sans fléchir, sans céder un pouce de terrain. Soudain il aperçoit au milieu de la mêlée un cheval sans cavalier, qui, par instinct, vient se joindre à ceux de l'Etat-Major. « C'est le cheval de Cler, s'écrie-t-il en pleurant, il est arrivé malheur à mon pauvre Cler. » Son général de brigade venait, en effet, d'être tué ; un autre, Wimpfen allait tomber à ses côtés. Déjà il a eu lui-même deux chevaux tués sous lui ; mais son calme ne se dément pas un instant. Il résiste toujours, barrant le passage aux Autrichiens, avec ce qui lui reste de zouaves et de grenadiers. Il se tient au milieu du pont, immobile sur son cheval, contemplant avec une muette douleur ses bataillons couchés à terre, et résolu à mourir au milieu de ses soldats plutôt que de reculer.

Enfin, dans le lointain retentit le canon ; le bruit strident d'une fusillade se fait entendre, et augmente d'intensité à chaque instant. C'est Mac-Mahon, dont la marche sur Magenta va transformer cette rude journée en victoire définitive. Le héros de Malakoff a vu de loin la manœuvre de l'armée autrichienne ; avec une conception qui fait le plus grand honneur à son génie militaire, il a deviné les desseins de l'ennemi. Mais il faut changer tout l'ordre de la bataille ; il faut rallier toutes les troupes et les diriger sur Magenta. Il court lui-même à la recherche de ses généraux.

« Rien, raconte un témoin oculaire, ne peut donner une idée de cette course folle à travers les fossés, les haies, au milieu des arbres ; les chevaux brisent avec leur poitrail les vignes enlacées, franchissent tous les obstacles, rapides comme l'éclair. (1) »

Enfin, à quatre heures, tout le corps d'armée est en marche sur Magenta. Après une lutte désespérée, les Autrichiens battent en retraite et la ville est à nous. Le soir l'Empereur disait à Mac-Mahon : « Je vous fais maréchal de France et duc de Magenta ; écrivez à la Maréchale que vous avez sauvé l'Empereur et sauvé l'armée. » Mellinet devenait grand'croix de la Légion-d'Honneur.

Quand on a pris part à de si belles victoires, quand on en a été le héros, je m'explique qu'on vive de ces souvenirs. Aussi nos deux braves, arrivés à la fin de leur carrière, aimaient-ils à se rappeler mutuellement leurs exploits. En réponse à une lettre où Mellinet lui parlait de leurs expéditions d'Algérie, Mac-Mahon écrivait quelques mois avant sa mort : « Je vous vois entre le Tessin et le Naviglio Grande résister avec vos grenadiers aux efforts de la plus grande partie des forces autrichiennes. Je vous vois en face de la courtine du petit Redan rester immobile sous le feu d'une partie de l'armée russe, jusqu'au moment où un éclat d'obus vous enleva une partie de la joue. Eh bien ! c'était le bon temps, nous étions alors toujours victorieux. Depuis nous avons été

(1) Voir Grandin, *Le Maréchal de Mac-Mahon*, t. 2, p. 61.

battus, mais enfin nous pouvons conserver la tête haute, car on ne peut pas nous accuser de n'avoir pas toujours vaillamment combattu. »

Oui, Maréchal, vous avez vaillamment combattu, et s'il avait suffi de votre courage pour conserver au drapeau français ses gloires d'autrefois, vous n'eussiez pas eu à gémir, vous et votre vieux compagnon d'armes, sur les malheurs de la patrie. Les larmes qui coulaient de vos yeux quand vous receviez les ordres que vous alliez exécuter, montraient bien le pressentiment que vous aviez de votre première défaite. Votre courage n'en fut pas diminué, et je laisse à l'impartiale histoire le soin de dire si le vaincu de Wissembourg et de Reischoffen ne fut pas plus glorieux dans sa défaite que le vainqueur de Malakoff et de Magenta.

II

La bravoure n'est belle et n'est durable que si elle est associée au devoir et à l'honneur. Autrement, elle risque de n'être qu'une impétuosité passagère du tempérament ou qu'un acte audacieux de l'esprit d'aventure.

Chez Mellinet et Mac-Mahon, la bravoure fut l'effet incontestable de l'honneur.

L'honneur fut, d'ailleurs, leur principal guide.

On lisait, un jour, devant Mac-Mahon, des *Mémoires* où l'auteur s'exprime en ces termes : « Il est des moments pénibles pour un militaire, ce sont ceux où il faut choisir entre l'honneur et le devoir. » — « Non pas, s'écria le Maréchal, jamais le devoir et l'honneur ne sont en contradiction; là où est le devoir, là est l'honneur. »

Le Maréchal disait vrai. Il n'y a jamais lutte entre l'honneur et le devoir, car l'honneur n'est pas autre chose que l'éclat du devoir. La lutte n'existe qu'entre le devoir et l'intérêt, entre le devoir et la passion. Quand c'est le devoir qui l'emporte, l'honneur est sauf. Quand on prend sa conscience pour guide et le respect de soi-même pour récompense de ses actes, on est un *chevalier de l'honneur,* parce qu'en même temps, on est prêt à tous les sacrifices et étranger à toute défection honteuse.

Est-ce que ce ne fut pas la ligne de conduite de Mellinet et de Mac-Mahon ? Nous admirons leur courage en face de l'ennemi ; mais quel désintéressement de la vie, quelle lutte contre soi-même, disons le mot, quel esprit de sacrifice suppose cette bravoure !

Il est facile d'aimer la France, cette France que Dieu a faite si belle, « la plus belle patrie après celle du ciel, » comme on l'a si bien dit ; cette France si belle avec son climat tempéré qui lui assure les privilèges de toutes les saisons et de toutes les contrées ; avec ses deux Océans qui lui ouvrent les portes du monde entier et servent à la propagation de son influence nationale ; avec ses beaux fleuves et ses innombrables rivières qui arrosent, embellissent, fertilisent son sol inépuisable ; cette France si belle avec tout son magnifique passé, avec ses quinze siècles de gloire, avec toutes les richesses de son génie, avec toutes les vertus de ses enfants !... Oui, il est facile de l'aimer. Il suffit pour cela de n'avoir pas fermé son cœur à tout sentiment élevé.

Mais quand il faut se dévouer pour la France ; quand il faut lui sacrifier les ardeurs de son tempérament pour les soumettre à une rude discipline ; les commodités et les avantages d'une vie paisible pour y substituer la vie agitée des camps ; les douceurs du foyer domestique, pour les remplacer par l'imprévu de la guerre ; quand il faut lui sacrifier sa jeunesse, son sang et sa vie, et même ses affections les plus légitimes ; quand il faut aller jusqu'à lui sacrifier une gloire chèrement acquise, la nature, je le comprends, peut faire éprouver à l'homme le plus intrépide de terribles hésitations.

Mac-Mahon et Mellinet connurent ces sacrifices et ils les firent généreusement.

Nous avons vu avec quelle ardeur ils donnèrent à la patrie leur jeunesse et leur sang ; avec quel sublime désintéressement ils lui offrirent leur vie.

Tous deux virent sombrer successivement le Gouvernement qu'ils aimaient. Ils eurent, un moment, la tentation de briser leur épée ; mais l'image de la patrie se dressa devant eux, et ils entendirent sa voix leur crier : « J'existe toujours, quel que soit l'homme qui me gouverne ; mon drapeau a toujours besoin de défenseurs, quelle que soit la main qui le porte. » Cet appel était l'appel du devoir, ils lui obéirent.

Il y eut un jour, dans la vie de Mac-Mahon, où le sacrifice fait à la patrie lui fut plus pénible que jamais. Ce fut lorsqu'il se vit demander le sacrifice de sa gloire par un plan de campagne qu'il n'avait pas fait et qu'on le chargeait d'exécuter, quoiqu'il en prévît l'issue fatale. Mac-Mahon pleura. « Maréchal, lui disait un de ses officiers au matin de Reischoffen, c'est à la mort que vous nous envoyez. » D'une voix qui marquait la soumission avec le désespoir : « Courage, Colonel, répond le Maréchal, embrassons-nous ! » La consigne était d'obéir, l'honneur commandait de se faire battre; il obéit, il se fit battre. « Tout fut perdu, fors l'honneur. »

L'honneur lui restait : il allait bientôt le mettre encore au service de la France dans une nouvelle carrière. Il fallait à la tête de la France un homme dont la loyauté lui permît d'affermir ses institutions, et dont la valeur la fît respecter au dehors. C'était un poste qu'on confiait à l'honneur de Mac-Mahon. Il s'y plaça, selon sa propre expression, comme une sentinelle chargée de veiller à l'intégrité du pouvoir souverain.

Il n'appartient pas à la chaire chrétienne de dire, ni surtout d'apprécier ce que fut le Président de la République. Mais ce que la chaire de vérité peut et doit proclamer, c'est l'incontestable loyauté de Mac-Mahon, au milieu des difficultés sans nombre de sa situation.

Il reconnut alors, — ce que sa grande âme savait déjà, — que le courage n'est pas le privilège du soldat ; il vit bien que la vie civile exige parfois des sacrifices aussi pénibles que la vie militaire ; mais il comprit aussi que l'honneur et la loyauté doivent être le partage de tous. Un jour il crut que l'honneur l'obligeait à quitter la haute situation qu'il avait acceptée, il la quitta pour rester fidèle au devoir. En descendant du pouvoir, il put dire fièrement à la France entière : « J'ai la consolation de penser que, durant les cinquante-trois années que j'ai consacrées au service de mon pays, je n'ai jamais été guidé par d'autres sentiments que ceux de l'honneur et du devoir et par un dévouement absolu à la patrie. »

Mac-Mahon ne fut pas diminué. La sage dignité avec laquelle il quitta la Présidence de la République ; le désintéressement qu'il y avait montré ; le silence qu'il garda dans la suite, le grandirent au contraire et ajoutèrent une nouvelle auréole à la tête du loyal soldat.

Depuis plusieurs années déjà, depuis la guerre de 1870, à laquelle son âge ne lui avait pas permis de prendre une part active, Mellinet vivait dans la retraite; Mac-Mahon l'y suivit en 1879.

Tous deux, chacun à sa manière, y donnèrent au monde, dans l'accomplissement des devoirs de la vie privée, l'exemple de cette loyauté parfaite qui avait fait d'eux les chevaliers sans peur et sans reproche: amour de la vérité et de la sincérité; antipathie prononcée pour tout ce qui sent le compliment et la fausse louange; haine opiniâtre pour tout ce qui est détour, mensonge, ruse ou intrigue; charité compatissante et généreuse pour les petits et pour ceux qui souffrent; et, par dessus tout cela, désintéressement absolu qui les empêcha jamais d'arriver à la richesse. Que de choses admirables l'histoire dira de ce désintéressement !

Vous vous rappelez Mac-Mahon rapportant au Trésor public le crédit qu'on lui avait alloué pour représenter la France au sacre du Roi de Prusse ! Vous vous rappelez Mellinet laissant sur la table de l'Empereur le portefeuille garni de billets de banque que le Souverain lui donnait en témoignage de sa fidélité !

L'occasion ne manqua ni à l'un ni à l'autre d'acquérir une fortune considérable ; ils n'avaient guère qu'à se baisser pour la prendre; mais, comme le disait le noble Berryer : « Il fallait se baisser ! » ils n'y consentirent jamais.

III

L'honneur purement humain peut produire de grandes choses, je le reconnais ; mais laissez-moi le dire, Messieurs, il est insuffisant. Il y a des vertus qu'il ne peut inspirer ; et, comme il n'a pas d'autre base que la conscience individuelle, il peut subir les variations de cette conscience et par là même ne pas donner une base immuable au devoir. L'honneur chrétien est plus efficace et plus stable ; il s'appuie sur la loi de Dieu qui devient ainsi la règle de la conscience, et c'est en Dieu également qu'il place la sanction de ses actes. C'est vous dire, Messieurs, que cet honneur suppose la foi chrétienne.

Certains esprits ont cru que la Croix était incapable d'inspirer l'honneur, il leur a semblé qu'elle était le symbole de la faiblesse, puisqu'elle rappelle le pardon et la tolérance. C'est faux, la Croix est, quoi qu'on en dise, le symbole de la vaillance, parce que, selon l'expression d'un grand Évêque, « elle est le symbole de la mort vaillamment reçue pour l'amour des plus saintes lois. » Vous le savez bien, vous, Messieurs, qui vous glorifiez à si juste titre de porter sur vos poitrines la croix des braves. C'est pour cela que le Christianisme est la plus grande école du courage et de l'honneur.

Dès les jours de leur enfance et de leur jeunesse, Mac-Mahon et Mellinet reçurent le don précieux de la foi chrétienne. Mellinet aimait à parler de sa première communion, et il ne le faisait jamais sans l'émotion la plus vive ; c'était comme la première étape de sa vie : on voyait à l'ardeur de sa parole qu'il s'en rappelait toutes les joies, et il était facile de prévoir que la dernière lui ressemblerait. Mac-Mahon disait, à la fin de sa vie, que, à l'âge de quinze ans, il avait hésité entre la vocation ecclésiastique et la carrière militaire. Mais s'il eût été prêtre, il eût voulu être missionnaire ou curé de campagne. Sa foi et sa piété lui inspiraient déjà l'idée des grands dévouements.

Tous les deux devaient leur foi à leurs mères sincèrement chrétiennes, l'une et l'autre. Tant il est vrai, Messieurs, que de cette source découle toute vie véritable.

N'est-ce pas à l'éducation chrétienne donnée par leurs mères, qu'il faut attribuer le courage et l'héroïsme de la plupart de ces soldats et de ces marins tués à l'ennemi, et dont vous unissez si légitimement aujourd'hui le souvenir à celui de leurs illustres chefs ? La même voix qui murmura à leur oreille les noms de Dieu, de Jésus et de Marie, leur apprit les doux noms de France et de Patrie ; la même bouche leur enseigna que, tout en appartenant à la famille, ils se devaient à leur pays ; la même main leur montra dans l'image du divin Crucifié, le modèle de tous les dévouements et de tous les sacrifices généreusement acceptés ; le même cœur qui leur enseigna la résignation, leur apprit à placer le terme de leurs espérances, en haut, au sein du Dieu de toute consolation et de toute justice.

Vous voyez par là, Mesdames, quelle noble mission vous est réservée. On compte sur vous pour réparer les désastres de la guerre, par les soins intelligents que vous prodiguerez aux blessés ; mais on compte encore plus sur vous pour donner à la patrie de vaillants soldats ; c'est vous qui, en les formant, en leur inspirant l'héroïsme chrétien, préparerez les victoires de l'avenir.

Nos deux héros, Messieurs, gardèrent au fond de leurs cœurs la foi de leur enfance. Ni la liberté des camps, ni les mille accidents de la vie, ni les victoires, ni les défaites ne purent l'en arracher. Ils furent chrétiens.

Est-ce que cependant la foi de notre brave compatriote ne fit pas naufrage ?

Dites qu'elle subit une éclipse, je le veux bien, mais un naufrage, jamais.

A-t-il jamais perdu la foi chrétienne le Général qui, au matin de toutes ses batailles, écrivait en tête de ses dernières recommandations : « Je veux mourir en fils soumis de la Sainte Eglise Catholique, Apostolique et Romaine. Je demande à Dieu de me pardonner mes fautes? »

Avait-il perdu la foi chrétienne celui qui disait : « Ne me demandez rien de mal, car j'ai en Bretagne une mère qui est une sainte et deux nièces qui prient pour moi ? »

Mellinet aimait trop Pie IX pour n'être pas resté sincèrement chrétien. Ecoutez ce trait. Quand Mellinet entrait dans une église, après une courte prière, il se dirigeait vers le tronc du denier de Saint-Pierre et il y déposait une aumône, « par amour pour Pie IX, » disait-il.

Il avait fondé, nous l'avons dit, la ville de Sidi-bel-Abbès, en Algérie. Savez-vous quelle y fut la première construction? Une église catholique. C'est Mellinet qui, de sa bourse, contribua longtemps à l'entretien du premier curé.

A une certaine époque de sa vie, les ennemis de l'Eglise crurent pouvoir le compter comme un des leurs. Il leur montra qu'ils s'étaient trompés, et, dans une circonstance mémorable, alors qu'on lui demandait de souscrire à une mesure que réprouvait sa conscience catholique, il leur dit, en tirant son épée : « Ma vie, venez la prendre si vous le pouvez, mon consentement vous ne l'aurez jamais. » Le Breton se rappelait sa devise : *Potius mori quam fœdari*.

Quand la foi est si profondément enracinée dans une âme, elle finit par se faire jour ; à qui aime si sincèrement la vérité, Dieu accorde toujours la lumière.

Mellinet vit luire cette lumière assez à temps pour montrer à ses concitoyens presque un quart de siècle d'une vie vraiment chrétienne, d'une piété qui fut parfois admirable, et d'une vertu qui fait songer aux Saints. N'est-il pas touchant ce trait que je vous livre, malgré la vulgarité de certains détails? Un jour, emporté par l'ardeur de son tempérament, Mellinet se laisse aller à un tel accès de colère qu'il enfonce une porte. Il en eut honte, et, pour expier sa faute, il voulut en avoir longtemps le souvenir devant les yeux, en s'opposant à ce que la porte fût réparée.

Inutile d'ajouter après cela que, comme son illustre compagnon d'armes, il ne craignit pas de s'agenouiller régulièrement devant le prêtre qui absout, et d'aller chercher à l'autel le pain qui répare les forces.

Quel beau spectacle, Messieurs, que celui de ces deux vieillards couronnant ainsi leur existence par une vie vraiment religieuse ! Leurs jours se sont allongés comme ceux du siècle : ils ont guerroyé dans toutes les parties du monde, ils ont remporté triomphe sur triomphe, la gloire humaine ne leur a pas manqué, et voilà qu'au moment où cette gloire va n'être qu'un souvenir, la gloire divine elle-même vient couronner leurs fronts et les marquer pour l'immortalité.

Oui, Messieurs, s'ils eussent manqué à la gloire de l'Eglise catholique, en ne se montrant pas ses fils dévoués et soumis, il leur eût toujours manqué à eux-mêmes la gloire d'appartenir à la société des Saints, à l'Eglise qui, seule, fait les immortels.

Ils l'avaient compris. C'est pour cela qu'ils ont vu venir la mort sans appréhension. Une dernière fois, leur front s'est incliné sous la main qui pardonne ; une dernière fois ils ont pris le Viatique du grand voyage, et, avec la même fermeté et la même intrépidité qu'à Malakoff et à Magenta, ils ont attendu la mort.

Elle est venue ; c'était pour les introduire au séjour de la gloire éternelle.

Mellinet et Mac-Mahon ont quitté la vie sans regret, parce qu'ils avaient foi dans le bonheur dont ils jouissent. Cependant jusqu'au seuil de l'éternité, leur âme dut éprouver la douleur de n'avoir pas encore vu réparer complètement les défaites de la France. Ils eurent du moins la consolation de voir notre influence grandir. Le vainqueur de Malakoff apprit, avant de mourir, que ceux qu'il avait combattus devenaient nos amis, et, dans le pressentiment de sa mort prochaine, il put se dire que Dieu lui ménageait un dernier triomphe. Si son âge le lui eût permis, le balafré de Sébastopol eût été heureux d'aller saluer ces généreux soldats dont il proposait autrefois l'exemple à ses officiers.

Tous deux ils eurent pour dernière joie d'apprendre que le drapeau français flottait à Tunis et au Dahomey, et que notre incomparable armée continuait ainsi en Afrique cette série de victoires qu'ils avaient si brillamment inaugurée.

Messieurs,

Notre relèvement national est commencé, qui l'achèvera ? Ce sera vous, ce sera nous ; tous nous y devrons travailler. Il y faudra beaucoup de bravoure et d'honneur ; mais ce sont deux fleurs qui ne disparaissent jamais du sol français.

La race des Mellinet et des Mac-Mahon n'est pas près de s'éteindre parmi nous.

Laissez-moi ajouter qu'il y faudra la foi chrétienne.

Vos épées, Messieurs, ont la forme d'une croix, c'est que la croix et l'épée sont faites pour s'unir. La croix, je vous l'ai dit, est le symbole de la vaillance, elle en est aussi le principe ; c'est à son école qu'on apprend la bravoure et l'honneur nécessaires à toutes les situations comme à tous les devoirs.

La croix est aussi le symbole de la miséricorde, c'est pour cela qu'elle est votre emblème, Messieurs les Membres de la Société de secours aux blessés ; c'est pour cela aussi, je l'espère, qu'elle vous assurera dès maintenant le concours empressé de toutes les âmes miséricordieuses.

Puisse la croix de Jésus-Christ attirer aussi à elle tous les Français ! Car si la vraie grandeur de la France dans le passé a été d'accomplir les *gestes* de Dieu, *gesta Dei per Francos,* c'est encore là que sera, dans l'avenir, la source la plus féconde de notre gloire nationale.

O France, fasse Dieu que tous tes enfants le comprennent ! Et puisses-tu les voir bientôt tous unis dans les mêmes croyances, dans les mêmes amours et dans les mêmes dévouements.

Mme ve Camille MELLINET, imp. — L. MELLINET et Cie, succrs

www.ingramcontent.com/pod-product-compliance
Ingram Content Group UK Ltd.
Pitfield, Milton Keynes, MK11 3LW, UK
UKHW012120240726
13965UKWH00005B/1867

9 782013 047128